GÄSTEBUCH FÜR

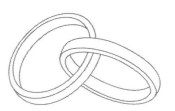

NAME..........................

NAME..............................

NAME..........................

NAME............................

NAME..........................

NAME..............................

NAME..........................

NAME..........................

NAME..........................

NAME..............................

NAME..........................

NAME..............................

NAME..........................

NAME..........................

NAME..........................

NAME..............................

NAME..........................

NAME..............................

NAME..........................

NAME..........................

NAME..........................

NAME..........................

NAME........................

NAME..........................

NAME..............................

NAME..............................

NAME..........................

NAME..........................

NAME..........................

NAME..........................

NAME..............................

NAME..........................

NAME..........................

NAME..........................

NAME..........................

NAME..............................

NAME..........................

NAME..........................

NAME..........................

NAME..........................

NAME..........................

NAME..........................

NAME..........................

NAME..........................

NAME..........................

NAME..............................

NAME..........................

NAME..............................

NAME..........................

50

NAME..........................

NAME..........................

NAME..............................

NAME..........................

NAME..........................

NAME..........................

NAME..........................

NAME..........................

NAME..............................

NAME..........................

NAME..........................

NAME..........................

NAME..........................

NAME..............................

NAME..........................

NAME..........................

NAME..............................

NAME..........................

NAME..........................

NAME..........................

7º

NAME..........................

NAME..........................

NAME..........................

NAME..........................

NAME..........................

NAME..........................

NAME..............................

NAME..........................

NAME..........................

NAME..........................

NAME..........................

NAME..........................

NAME..........................

NAME..........................

NAME..........................

NAME..........................

NAME..........................

NAME..........................

NAME..............................

NAME..........................

NAME..........................

NAME..........................

NAME..............................

NAME..........................

NAME..........................

NAME..........................

NAME..........................

NAME..........................

NAME..............................

NAME..........................

NAME..............................

NAME..............................

NAME..........................

NAME..............................

NAME..............................

NAME..........................

NAME..............................

NAME..........................

NAME..........................

NAME..........................

NAME..........................

NAME..........................

NAME..........................

NAME..........................

NAME..............................

NAME..........................

NAME..........................

NAME..........................

NAME..........................

NAME..........................

NAME..............................

NAME..........................

NAME............................

NAME..........................

NAME..............................

NAME..........................

NAME..........................

NAME..........................

NAME..............................

NAME..........................

NAME..........................

NAME..........................

NAME..........................

NAME..........................

NAME..........................

NAME..........................

NAME..............................

NAME..........................

NAME..........................

NAME..........................

NAME..............................

NAME..........................

NAME..............................

NAME..........................

NAME..........................

NAME..........................

NAME..............................

NAME..........................

NAME..............................

NAME..........................

NAME..........................

© 2019
Markus Mangold
Hindenburg Straße 58/1
DE - 73333 Gingen an der Fils

info@visufactum.com

Printed in Poland
by Amazon Fulfillment
Poland Sp. z o.o., Wrocław